VIVIR BIEN CON 300€ AL MES

*-Una guía completa para vivir mejor que nunca
gastando menos de 300 euros mensuales-*

Pablo Olóndriz

www.olondriz.com

Para esa persona especial que conocí en Langkawi

© Pablo Olóndriz Lázaro, 2013

Cuarta edición: Septiembre de 2015

ISBN: 978-84-616-6106-0

Diseño de cubierta e ilustraciones: Javier Olóndriz

Impreso en España por Createspace

Editorial CdR – www.cambioderealidad.com

La información contenida en esta publicación es sólo para fines informativos.

Si doy algún consejo legal o financiero es mi opinión basada en mi propia experiencia. Siempre debes buscar el consejo de un profesional antes de actuar respecto algo que haya publicado o recomendado. Este libro contiene links de afiliados. También puede incluir información, productos o servicios de terceros y no asumo responsabilidad alguna por ellos. La publicación de dicho material de terceros no es más que una recomendación y una expresión de mi propia opinión de este material. Ninguna parte de esta publicación podrá ser reproducida, transmitida o vendida en su totalidad o en parte en cualquier forma, sin el previo consentimiento por escrito del autor. Todas las marcas comerciales y marcas registradas que aparecen en este manual son propiedad de sus respectivos dueños. Al leer esta publicación, estás de acuerdo en que yo no soy responsable del éxito o el fracaso de tus decisiones en relación con la información presentada aquí.

Para preguntas o aclaraciones por favor envía un mail a pablo.olondriz@gmail.com

ÍNDICE

NOTA DE LA 4ª EDICIÓN 5
PRÓLOGO 6
EL DINERO, TU DINERO 10
MI AMIGO PEDRO 15
LOS AHORRADORES DE VIAJE 37
PASO A PASO 42
   1. Los preparativos 45
   2. El vuelo 51
   3. La vida en la isla 54
HAN PASADO DOS MESES 57
UNAS PALABRAS 59
RECURSOS 63

NOTA DE LA 4ª EDICIÓN

Han pasado casi tres años desde mi viaje por el mundo y dos desde que escribí este libro. Desde entonces, son cientos de personas las que me han escrito pidiéndome consejo o dándome las gracias por haber descubierto otros caminos para sus vidas.

Otras, sin embargo, han buscado en estas páginas la solución definitiva a sus problemas y, por supuesto, no la han encontrado. Aquí no explico cómo vivir donde vives actualmente con la cantidad de dinero que indica el título, sino cómo romper con tu rutina habitual para experimentar algo muy diferente a lo que estás acostumbrado. Que luego ese cambio sea algo temporal -lo cual está muy bien- o algo definitivo -lo cual es muy valiente- es ya cosa tuya.

Tienes una sola vida y puedes aprovecharla de mejores maneras: siempre se pueden encontrar nuevos caminos para experimentar más, disfrutar más y ayudar más a otras personas.

No esperes nada de esta lectura en la que te vas a ver inmerso a continuación, léela sin prejuicios y como lo que es: una pequeña guía para personas que quieren hacer algo diferente. Todos los consejos que te daré siguen vigentes, pero es cosa tuya encontrar nuevas vías para tu vida y eres tú y solo tu quien decidirá si seguirlos o no.

05 de Septiembre de 2015

PRÓLOGO

Conocí a Pablo en Bangkok el mismo día que empecé mi vuelta al mundo. Él ya llevaba varios meses viajando, y había mil cosas que quería preguntarle. Sentados en un restaurante de Kaoh-San Road, me contó historias increíbles, desde cómo pasó 10 días meditando en un templo budista a cómo vivió durante varias semanas en una granja orgánica. Pero lo que más me impactó de todo fue el poco dinero que tenía ahorrado el día que dejó su Barcelona natal: solo 2.200 euros. Habían pasado más de 5 meses desde entonces y Pablo todavía no tenía intención de volver a casa.

Hoy en día, son muchos los que sueñan con irse de viaje durante un tiempo para tomarse un respiro de tanta crisis, noticias pesimistas y políticos corruptos. Sin embargo, muy pocos acaban haciéndolo. ¿La excusa más común? "Es que no tengo suficiente dinero."

En las páginas que siguen, Pablo desmonta el mito de que para viajar es necesario tener una fortuna en el banco, y explica con todo lujo de detalles cómo se puede vivir como un rey con 300 euros al mes. ¿La única condición? Ahora te la explica...

Espero que este libro te sirva de inspiración para preparar la maleta y animarte a hacer una de las mejores cosas que la vida tiene que ofrecer: viajar.

Un abrazo fuerte,
ÁNGEL ALEGRE

EL DINERO, TU DINERO

-"El dinero, siempre el maldito dinero", piensan algunos.

Y es que, en la sociedad en la que vivimos, todo gira alrededor de este invento -curioso que lo llame invento, ¿eh?- llamado dinero. La cantidad de dinero que tenemos determina casi siempre dónde vivimos, cuál es nuestro trabajo, qué compramos, a qué dedicamos nuestro tiempo e incluso cómo nos relacionamos con los demás, con nuestro entorno. También, tristemente, llega a introducirse dentro de nosotros, determinando qué es lo que pensamos durante buena parte del día.

Si eres un estudiante estarás pensando cómo conseguir el dinero para salir de fiesta este fin de semana, para irte de viaje con tus amigos estas vacaciones o para comprar esa moto que tanto te gusta. Si no tienes trabajo, estarás pensando en cómo conseguir uno que te dé el dinero necesario para no sentir esa presión de ver cómo la cuenta bancaria disminuye cada mes sin remedio, por culpa de las facturas. Si eres un joven treintañero quizás estás esperando el momento en que te den ese ascenso que te permitirá tener el dinero necesario para casarte con tu novia. Si eres emprendedor, estarás dando vueltas a cómo vender más para poder ganar más dinero y que tu negocio siga creciendo, a pesar de los nuevos impuestos del gobierno. Si eres padre de familia, estarás pensando que este año quizá no podréis iros de vacaciones si te recortan el sueldo por segunda vez en la empresa.

Y así podría continuar con cientos de casos, tanto como personas en el mundo.

Si algo tienen en común todos estos ejemplos que acabo de poner, es que la solución a los problemas planteados se basa siempre en conseguir más dinero.

Obvio, ¿quién va a solucionar algo teniendo menos dinero?

Es la única alternativa que siempre ha habido, la solución que nos ha inculcado la sociedad en la que hemos nacido queramos o no queramos. Estudiar durante varios años, luego ponernos a trabajar e ir ganando dinero cada final de mes. Un dinero que nos permita solucionar nuestros problemas del día a día, además de comprar nuestra libertad en forma de piso o medio de transporte y por supuesto que nos permita tener nuestros caprichos. Cada año ganando un poco más… y así hasta la jubilación.

Sin embargo, hay personas que no se conforman con seguir esta vía, con esperar hasta la jubilación. Eso significa esperar mucho tiempo. Estas personas son impacientes y quieren atajos, quieren salir o vencer al sistema. Si eres una de estas personas, lo primero que haces entonces es buscar algún método para ir más rápido por este camino de ganar más dinero.

Entonces empiezas a descubrir todo un mundo nuevo de opciones disponibles: ideas y técnicas para invertir tu dinero, para aprender a ganar en Bolsa, para ser el mejor en tu campo, para emprender y vivir sin jefe o quizá para trabajar sólo 4 horas a la semana...

Sueles empezar leyendo libros al respecto. Hay muchos libros sobre este tipo de temas. Cientos. Miles. Y también vídeos, todos ellos bonitos y motivacionales. Cuando terminas de leer la mayoría de estos libros, te hace sentir un aumento repentino de adrenalina y motivación; quieres comerte el mundo. Llegas a creer que has encontrado justo lo que te faltaba y que, a partir de ahora, las cosas en tu vida van a cambiar de verdad. Todos tus problemas se van a solucionar a medida que apliques las enseñanzas de lo que acabas de aprender en ese texto tan revelador.

La única realidad es que, al cabo de varios meses, la vida sigue igual y ese libro tan bonito está cogiendo polvo en la estantería o en algún cajón. Alguna vez piensas que sería bueno releerlo, pero no tienes tiempo y tampoco muchas ganas. Quizá compras otro nuevo o algún amigo te recomienda uno diferente y este otro... este sí que tiene algo especial. Porque este no solo habla de temas económicos, también habla de cómo ser mejor persona. Por fin va a cambiar tu situación.

No te has dado cuenta de que es el mismo libro. Exactamente el mismo. Solo que disfrazado con otra máscara, otra portada. Su autor seguramente está en casa ocupado, contando el dinero o escribiendo la segunda parte.

¿Por qué te cuento todo esto?

Porque yo, hace no mucho tiempo, también buscaba técnicas para saltarme el sistema y también fui un lector empedernido de este tipo de libros. Los tenía todos. Pensé que todos mis problemas económicos se resolverían cuando montase mi propio negocio, cuando me contratasen en una multinacional o cuando llegase a ser un crack invirtiendo en La Bolsa. Buscaba siempre más y más, al mismo tiempo que estudiaba en la universidad y trabajaba por Internet.

Un día, sin embargo, me pasó como a tantas otras personas en mi país. La empresa en la que aportaba mi conocimiento por aquel entonces se quedó sin dinero para mantener a toda la plantilla y me dijeron que muchas gracias, pero que ya no me necesitaban. Estaba fuera del juego.

Me paré a reflexionar unos instantes y decidí que, con el dinero que había ahorrado durante ese año trabajando, no empezaría una empresa o lo invertiría en acciones, sino que haría realidad un sueño que tenía desde que era pequeño: me iría a recorrer parte del mundo como mochilero.

Viajaría al sudeste asiático y, a la vez que viajaba y crecía como persona, buscaría un nuevo rumbo profesional para mi vida.

Preparé todo y el primer país que pisé en este viaje fue Malasia, no muy lejos de Australia. Y viviendo allí, poco a poco, me di cuenta de que el tener más dinero o el mantenerse siempre igual no era la única vía.

El tener más y más no era la permanente solución a los problemas. Aprendí que hay otra solución mucho más sana -sí, he dicho sana- y es la que voy a explicarte en los siguientes capítulos.

Te darás cuenta de que este no es un libro que habla de dinero como los demás. Normalmente, al leer un libro de este tipo, el autor te da pautas o claves para que tú te adaptes a ellas. Quizás tienes que empezar un nuevo negocio o tienes que aprender tal y cual cosa... lo que es seguro es que tienes que dedicar tus mejores energías, tu esfuerzo y tu tiempo.

Esta guía que estás leyendo, sin embargo, es diferente. Tendrás que dedicar tus energías si quieres llevar a cabo lo que aquí se propone, sin embargo la diferencia es que para seguirla no tienes que hacer ningún esfuerzo extra para tener más, sino solo dejarte llevar y fluir con su contenido y sus ideas.

Y luego, cuando lo acabes, decidirás si esas ideas son apropiadas o no para ti.

La vida en nuestro país se ha convertido en una ridícula competición para encontrar un trabajo mal pagado. Y los jóvenes (y no tan jóvenes) sienten que esa competición no tiene sentido, pero a su vez no conocen ninguna alternativa porque nadie ofrece respuestas. Este libro es una de tus alternativas. En él compartiré contigo la historia de mi amigo Pedro o, lo que es lo mismo, cómo puedes vivir bien -¡Incluso mejor que ahora!- con solo 300 euros al mes.

MI AMIGO PEDRO

Mi amigo Pedro nació en Barcelona hace 29 años.

Desde hace un tiempo, vive en un pequeño piso compartido con dos amigos en el barrio de Gracia en la Ciudad Condal. Está soltero, tres meses atrás lo dejó con su novia porque las cosas no iban del todo bien. Eso me dijo, no quise preguntarle mucho más.

Estudió la carrera de Psicología aunque ahora mismo no trabaja en lo suyo, se tuvo que adaptar al puesto de administrativo que tiene en una empresa mediana, de la cual no diremos el nombre.

No es que le apasione lo que hace, pero al menos tiene trabajo, que ya es mucho decir en los tiempos que corren. Aunque también es cierto que desde hace unos meses en su oficina se oyen rumores de otro recorte de plantilla. Poco a poco sus compañeros van cayendo. Pedro espera que nunca le toque a él y para ello da lo mejor de sí mismo en todo lo que hace.

En general mi amigo vive bien, aunque no es completamente feliz. Sí, tiene una familia genial, sus hobbies de fin de semana, lo pasa bien y sale alguna vez de fiesta conmigo... pero me dijo que siempre lo falta algo para llegar a esa felicidad, como a tantas otras personas. Desde hace un tiempo busca darle un giro a su vida, aunque no tiene ni idea de qué hacer ni cómo hacerlo.

Me parece que necesita tiempo para pensarlo. Leyó hace tiempo algunos libros sobre cómo ganar más dinero o cómo encontrarse a sí mismo y al principio le motivaron (lo sé porque alguna vez estuvimos hablando del tema) pero ahora su estado de ánimo vuelve a estar donde siempre ha estado: resignado.

Quizá Pedro no tiene trabajo desde hace varios meses y no encuentra nada a pesar de su intensa búsqueda. Quizá Pedro es un estudiante de último año de universidad que tiene ganas de hacer algo especial con su vida. Quizá Pedro regenta un bar al que cada semana vienen menos clientes, por esto de la crisis. O quizá Pedro es simplemente alguien que siempre ha soñado en hacer un gran viaje por el mundo y que ya no puede ignorar más tiempo esa llamada.

Sea quien sea finalmente Pedro, esta es la conversación que tuve hace unos meses con él, mientras tomábamos un café tranquilamente cerca de su casa, en el barrio de Gracia.

...

—Oye Pablo, quiero saber cómo podría hacer eso... Lo que me comentaste el otro día.

—¿Qué era? —No recordaba a qué se refería mi amigo.

—Explícame cómo puedo vivir mejor que ahora gastando menos, ¿solo trescientos euros al mes dijiste si no recuerdo mal?

—Ah sí. Perfecto. Puedo explicártelo. —¡Madre mía, esto iba a ser largo...! y después de una pausa añadí: —Aunque hay una condición básica para ello.

—¿Una condición para que me lo expliques?

—No, no tienes que ponerte a bailar la Macarena aquí en medio para que empiece a soltarme de la lengua. Me refiero a que hay una condición para vivir mejor que como vives ahora y solo con esa cantidad de dinero.

—¿Y cuál es la condición?

—Si quieres vivir con trescientos euros al mes tienes que irte a vivir a una isla paradisíaca. —Solté de repente, deleitándome con su reacción.

—¿A una isla? —por la expresión de su cara, Pedro creía que lo que le comentaba era una broma.

—Sí... —continué—, Si quieres vivir mejor no puedes seguir haciendo lo mismo que has venido haciendo hasta ahora. Algo tienes que cambiar. Y el único cambio que tienes que hacer para vivir bien con trescientos euros mensuales es ese, coger un avión e irte a vivir a una bonita isla del sudeste asiático.

—Pero no puedo irme a vivir a una isla, ¿me tomas el pelo? Jajaja. He vivido en España toda mi vida, aparte de ese año que pasé en Londres con la beca Erasmus. Aquí tengo a mi familia, a mis amigos y mi trabajo.

Me esperaba una respuesta de este tipo, nadie en su sano juicio se va al otro lado del mundo a vivir así porque sí.

Así que continué: —Me dijiste el otro día que no te gusta tu situación actual y necesitas un cambio.

—Bueno sí. Pero yo pensaba que me ibas a explicar cómo vivir bien con trescientos euros aquí donde estoy. El sudeste asiático está muy lejos y no sé nada de ese sitio como para irme a vivir. Pensaba que me ibas a hablar de algo serio... así podría empezar a ahorrar más.

—Ese truco aún no lo conozco. En España, tal y como están las cosas, si quieres vivir con trescientos euros mensuales como no te vayas a una comuna o a una casa Okupa lo tienes complicado. Y eso, por otra parte, también significaría cambiar tu residencia y todo tu estilo de vida. No creo que te gustase demasiado... Yo si quieres te cuento como vivir en una isla, pero sin perder tu estilo de vida, sin tener que renunciar a ninguna de tus comodidades.

—Bueno, supongo que por escucharte no pierdo nada... me acuerdo que hiciste un viaje por esa zona hace un tiempo y las cosas por lo que veo ahora no te van nada mal. —dijo a la vez que miraba de reojo mi moto, aparcada a unos cuantos metros de donde estábamos sentados.

—Empiezo a explicarte entonces. —Sabía que iba a ser una conversación interesante—, Pero espera, que pido otro café cortado... ¿Tú quieres algo más?

—No, no, gracias... A ver..., ¡sí!, pídeme una clara.

Hice el pedido a Antonio, el dueño del bar al que ya conocía de hacía tiempo y de paso cogí unas servilletas de papel que había en la barra. Las puse encima de la mesa metálica de la terraza a la vez que me sentaba otra vez frente a Pedro. Y sin darle tiempo a decir nada más, empecé directo con mi explicación.

—La isla de la que te hablo se llama Langkawi y está situada al norte de Malasia, muy cerca de la frontera con Tailandia. Estuve viviendo allí durante varios meses y la verdad es que fue una experiencia espectacular... Se vivía realmente bien y tuve la oportunidad de conocer personas de todas partes del mundo, disfrutar de la playa en pleno mes de diciembre, ver puestas de sol que no había visto nunca antes en mi vida e incluso encontrarme monos en medio de la carretera. Siempre me han hecho gracia los monos. Y todo eso con un estilo de vida igual que en este país y gastando un cuarto del dinero que gastaba cuando vivía aquí en Barcelona.

—¿Y dónde vivías? ¿Estabas alojado en un hotel o dónde?

—Me alojaba en una *guesthouse*. Una *guesthouse* es un lugar parecido a un hotel, pero menos lujoso, lo cual no significa peor. De hecho, a mí me gusta mucho más... Puedes elegir entre habitación individual o compartida y tienes todo lo necesario para vivir bien: una gran sala común en la que desayunar, comer y cenar, cocina compartida, ducha, televisión, agua, alguien que limpia tu habitación cada día... e Internet, por supuesto.

—¿Y puedes vivir allí varios meses?

—Sí, todo el tiempo que quieras, no hay ningún problema. De hecho cuanto más tiempo te quedes mejor, pues te hacen descuentos en el precio. Cuando yo estuve allí éramos varios los que llevábamos meses viviendo en el mismo lugar y se creó un clima genial entre nosotros. Otra opción es alquilar un piso en la isla o una habitación de una casa y que sale aún más barato.

Hice una pausa mientras bebía un sorbo del café. Estaba caliente.

—Yo prefería la *guesthouse* simplemente porque es genial poder conocer a tanta gente, además de porque por aquel entonces me fui de viaje con poco dinero.

—Pero a ver, volvamos al principio. —dijo Pedro. A mi amigo había algo que no le encajaba—, Yo tengo entendido que uno no puede irse a un país y vivir todo el tiempo que quiera sin hacer nada, a no ser que sea un país de la Comunidad Europea. Para eso existen los visados. O tienes un trabajo fijo o solo te dan un tiempo limitado para hacer turismo, un mes o dos.

—Si, en la mayoría de países es así, como tú dices. Lo bueno de un país como Malasia es que, si eres español, te dan tres meses de visado gratuitos. ¡No tienes ni que ir a la embajada! En cuanto aterrizas en el aeropuerto te lo tramitan automáticamente.

Hice una pausa y continué, —Y luego, cuando se te acaban esos tres meses, existe lo que comúnmente se llama el *'visa run'*. Podríamos decir que el *'visa run'* es un truco, muy utilizado por turistas, que consiste en simplemente salir y volver a entrar al país. Cuando vuelves a entrar tienes otros tres meses de visado otra vez. Así de fácil. Y lo bueno es que puedes hacerlo todas las veces que quieras.

—Es por eso que he elegido una isla como Langkawi, cerca de la frontera. Desde allí cogiendo un ferry te plantas en Tailandia en menos de dos horas y luego vuelves.

—¡Vaya! No lo sabía... —comentó sorprendido—, ¿Pero eso no va contra la ley? ¿Qué pasa si te pillan?

—Nada. Es totalmente legítimo y no hay ningún problema en hacerlo. Incluso allí hay empresas turísticas que se dedican solo a eso, a arreglar el *'visa run'* para los extranjeros por poco dinero. A los gobiernos es algo que les da completamente igual. Muchas veces por desconocimiento, las personas pensamos que cosas así no son posibles. Una vez que estás allí aprendes que es algo muy normal. Todo el mundo lo hace.

—No tenía ni idea... Oye pero, ¿Malasia no es un país pobre?

—Para nada. —Ahora recordaba vívidamente la primera vez que había pisado ese país tan bonito—, Yo también pensaba algo parecido antes de ir, creía que el nivel de vida sería mucho más bajo que en España, pero en cuanto llegué me di cuenta de que no era así... Malasia en ese aspecto poco tiene que ver con Camboya, Vietnam o incluso Tailandia, que son otros países de la zona. Está mucho más avanzado.

—El nivel de vida es muy bueno y en esta isla de la que te hablo, Langkawi, aún más. Al haber turistas se ha desarrollado económicamente de manera muy rápida. Viviendo allí no te falta de nada. Si viajas a las zonas rurales del interior del país sí que puedes encontrar pequeños poblados que subsisten a través de la agricultura y que podrías calificar como 'pobres', aunque realmente no lo son, pues viven felices en sus cabañas y no necesitan más de lo que ya tienen.

—¿Así que es un país seguro para vivir? —Pedro trataba de hacerse una imagen mental de la zona.

—Y tanto… Yo en ningún sitio en el que he estado me he sentido más seguro que en Langkawi, ni siquiera en España. Puedes pasear cuando ya está oscuro en la playa o en cualquier parte de la isla y lo único que encontrarás es algún turista amable que te da las buenas noches.

Ahora que recordaba los detalles podía notar cuánto echaba de menos todo aquello, era un lugar realmente especial…

—Las personas van allí a relajarse durante sus vacaciones o a disfrutar de su luna de miel, nadie quiere tener ningún problema y todos los locales se conocen entre sí. La verdad es que la gente es mucho más amable y cercana que en cualquier país europeo, quizás porque son mucho más abiertos y no están tan centrados en sí mismos, en su trabajo o en sus problemas.

—Entonces esta isla de la que me hablas, Langkawi… vaya nombre tan raro por cierto… ¿es muy turística o qué?

—Hay una zona que sí está siempre llena de turistas, aunque es una zona relativamente pequeña si la comparas con la extensión de la isla. Langkawi no es muy grande. Por ejemplo, en coche puedes dar la vuelta completa a la isla en unas dos horas. La verdad es que puedes vivir en casi cualquier parte, aunque te recomendaré una *guesthouse* que para mí es la mejor de todas. Está ubicada en una zona tranquila pero a la vez céntrica y lo mejor de todo, a cinco minutos andando de la playa.

—Tiene buena pinta... —ahora notaba a Pedro más convencido de lo que oía—. Aunque estaba pensando, ¿allí qué idioma se habla? Estoy seguro de que yo no me enteraría de nada.

—Los idiomas oficiales del país son el malayo, que lo habla todo el mundo, y el inglés, que lo habla por lo menos el 80% de las personas de la isla.

—A ver... pero imagínate que yo me fuera allí. El inglés no lo llevo muy bien que digamos... estudié en el colegio y un poco en la universidad, pero hace una burrada de tiempo que no lo hablo, ni siquiera por temas de trabajo.

—No pasa nada. La mejor escuela de idiomas es irse a un país extranjero y empezar a hablarlo cada día. Yo cuando llegué lo chapurreaba bastante mal y al cabo de seis meses, casi parecía que hubiera nacido hablando inglés, —reí.

—Si vives en un lugar en el que lo escuchas a todas horas e intentas hablar un poco cada día, puedes aprender en un mes lo que aprendes en un año yendo a una academia. Y en seis meses lo que aprenderías en diez años. Es algo que he experimentado por mí mismo. Durante mi viaje me encontré con algunos viajeros argentinos y españoles que hablaban un inglés realmente desastroso... pero conseguían hacerse entender perfectamente. La verdad es que no es nada complicado aprender las cuatro o cinco frases básicas.

—Bueno, bueno, si tú lo dices... así que se vive bien por allí, ¿no?

—Es como vivir en cualquier pueblecito costero de España, solo que mucho más bonito. No te falta ninguna comodidad. Aunque eso sí, lejos de tu familia y amigos por un tiempo.

—Eso te quería decir yo, si me fuese echaría de menos a todo el mundo. Es de locos.

—Bueno, eso es una elección que tienes en tus manos. Puedes quedarte aquí quejándote en tu puesto de trabajo... ahogado por las facturas e impuestos... con las ganas de viajar y experimentar algo diferente y quedándote cerca de los tuyos o puedes irte sabiendo que será algo temporal, sabiendo que es una experiencia que te va a ayudar a crecer personalmente y profesionalmente.

—Y por supuesto, allí donde vayas siempre puedes hablar con tu familia y amigos cada día, que ya no estamos en la Edad de Piedra. Gmail, Skype, Whatsapp, Viber, Twitter, Facebook... Hay miles de herramientas con las que estar comunicado cada día a la hora que tú quieras. Todo depende de la actitud con que te lo tomes.

—Por mucho que pueda hablar con los míos desde la distancia estoy seguro de que me sentiría solo.

—Si el problema es sentirse solo, te aseguro que cuando vives en una *guesthouse* lo último que te faltan son personas con las que hablar y crear relaciones afines. Hay algunas de esas personas que estarán unos pocos días contigo y otras que se quedarán semanas o incluso meses, —o más tiempo, pensaba para mis adentros.

—Tienes la oportunidad de conocer a tantas personas de tantos lugares diferentes que no hay momento para la soledad, a no ser que la busques expresamente. Y si algún día te apetece precisamente lo contrario, el estar solo y que nadie te moleste también hay muchos otros alojamientos en los que disfrutar de esa soledad. Todo depende de lo que busques.

—Suena bien... ¿Y qué se puede hacer allí en la isla? ¿Cómo es el día a día?

—Se puede hacer todo lo que quieras, tu imaginación es el límite. Además es todo baratísimo. Si lo que te apetece es descansar, puedes ir a la playa todos los días del año y la oferta de ocio, diversión y fiesta es inacabable. Si lo que quieres es aprender, puedes estar conectado a Internet las 24 horas, leyendo o conociendo personas y haciendo *networking*. Si por otra parte quieres trabajar, no es muy complicado encontrar algo que te guste...

—Yo estuve trabajando en una agencia turística llamada GOISLAND en la que alquilábamos coches y motos para turistas y la verdad es que nunca lo había pasado tan bien en un trabajo. Era divertidísimo, y mi jefe era una persona espectacular. Hace poco volví a hablar con él por teléfono.

—Luego quiero que me hables sobre esto del trabajo... Oye, ¿y suele llover por allí? Oí que hay dos tipos de clima por esa zona.

—Sí. —Es curioso que Pedro me preguntara sobre el tiempo—. Allí no hay cuatro estaciones como aquí en Europa. El clima es siempre constante, nunca hace frío ni tampoco demasiado calor. En vez de eso, distinguen la época de lluvias y la época seca.

Experimenté las dos cuando estaba allí y la verdad es que me encantaron esas lluvias torrenciales. Duran solo unas pocas horas y luego cuando sale el sol todo se seca enseguida. Cuando llega la siguiente época simplemente las lluvias se reducen y el clima pasa a ser igual que el verano de España... Dicen que allí el clima es húmedo, sin embargo no sé si es porque es una isla, pero en Langkawi concretamente se está muy bien.

—Bueno, todo esto no pinta tan mal. Sin embargo yo aún no estoy convencido. Irme tan lejos... sin tener a nadie al que acudir si pasara algo...

—¿Si pasara algo? ¿Cómo qué? Todo lo que puede pasarte allí, puede pasarte aquí. Allí hay hospitales, policía, bomberos y todo lo que quieras. Y si algún día sientes que tienes que volver, solo tienes que coger un avión. En la misma isla hay un aeropuerto y en dos días puedes estar de vuelta en tu ciudad...

Conocía de primera mano esa sensación de incertidumbre sin fundamento, yo también la había sentido antes de irme.

—Piénsalo. Cuando coges un avión y te plantas en Madrid y Barcelona no te da cosa y no tienes dudas, porque es algo a lo que tu mente ya está habituada, algo común. Irte a Malasia es lo mismo. La única diferencia que el viaje es más largo y que vas a un sitio que no conoces...

—Pero en cuanto llegas, te das cuenta de que es uno de los países más seguros y tranquilos del mundo y entonces pasa a ser algo conocido, que tu mente acepta. Piensa que no te estás yendo a Irán, a la India o a un país africano, con todos mis respetos para las personas que viven en esos lugares.

—Ya... no sé, yo además pensaba que vivir en una isla tenía que ser carísimo.

—Claro, porque aquí estamos acostumbrados a ver ofertas en las agencias de viajes, en revistas o en la televisión por una burrada de dinero. Aun no entiendo como las agencias de viajes se mantienen en pie... Y cuando oímos de algún familiar o amigo que se va unos días a una isla, pensamos '¡vaya vacaciones que se pega!'...

Terminé mi café antes de continuar.

—Pero esa no es siempre la realidad, ¿sabes? Hay islas e islas, y en todas partes puedes elegir si alojarte en los hoteles más exclusivos o en otros lugares que están mejor de precio. Mi experiencia me hizo ver que era más barato el hecho de viajar hasta Malasia y vivir dos meses en Langkawi, que pasar uno solo en Barcelona.

—La verdad es que no sé qué haría tanto tiempo allí.

—Bueno, —y al mismo tiempo recordé algo que me había comentado Pedro hace unos días—, ¿No me dijiste que no estabas muy contento con tu trabajo?

—A ver... llevo ya un tiempo trabajando en esta empresa, pronto hará tres años creo. El trabajo que hago allí no es que me apasione, pero el sueldo no está nada mal.

—Pues en Langkawi una de las cosas que podrías hacer es pararte a pensar y descubrir tu verdadero propósito profesional.

—¿Qué quieres decir con eso? —dijo frunciendo el ceño.

—Quiero decir que cuando estés instalado en la isla, lo que te va a sobrar es tiempo para pensar, cosa que ahora no tienes debido al estrés y al ritmo de vida que llevas. Tendrás tiempo para reflexionar acerca de lo que realmente te importa, ya sea profesional o personalmente y luego hacer una evaluación de cómo ha ido tu vida hasta ese momento. Los beneficios de tener tiempo dedicado a ti mismo es algo que no se puede medir económicamente, ¡No hay nada que lo supere!

—Luego, en el plano profesional, tendrás tiempo para actualizarte, para aprender o para estudiar… ¡Ahora, por Internet, puedes estudiar prácticamente de todo! Solo tienes que hacer una buena búsqueda en Google sobre los temas que te interesan. Tendrás tiempo para aprender inglés tomando clases particulares, para perder peso si ese es tu objetivo -yo por ejemplo iba a correr a la playa cada día-, para bucear, para aprender a tocar la guitarra… lo que sea que quieras hacer.

—Y por supuesto también para conocer a cientos de personas. Quién sabe… Quizás conozcas a alguien que te ofrezca un trabajo en otro país o con el que puedas asociarte para montar un pequeño negocio. Yo, por ejemplo, estuve aprendiendo durante mi viaje muchas cosas que luego me sirvieron para montar esta empresa que tengo ahora.

—La verdad es que sí que podría irme bien... Además, últimamente siento que no tengo tiempo para nada. Hace tres meses que ni siquiera toco la guitarra. Está allí en mi habitación muerta de asco.

—Allí tendrás tiempo para tocar todo lo que quieras, —dije sonriendo.

—Pero ¿estás seguro que hacer algo así me costaría tan poco?

—Mira Pedro, te lo voy a enseñar ahora mismo. —Dije mientras metía las manos en mis bolsillos buscando algo, —¿Tienes un bolígrafo?

—Sí, tengo uno por aquí, me parece.

No teníamos hojas a mano, así que cogí varias de las servilletas de papel que había traído y me puse a escribir números en ellas. Estaba seguro de que a Antonio, el dueño del bar, no le importaría. Si lo supiese incluso se tomaría la molestia de buscar todo lo necesario para que estuviéramos cómodos. Así era él. Pero no quería importunarle, pues era un domingo soleado y tenía mucha clientela.

HAGAMOS NÚMEROS

Lo primero que escribí en la servilleta fueron estas palabras:

Dinero que necesita Pedro para vivir un año en Langkawi.

—Calcularemos el dinero necesario para estar un año completo en la isla. En un año tienes tiempo de sobra para darle un nuevo rumbo profesional a tu vida, para conocerte mejor a ti mismo, para divertirte y para relacionarte con cientos y cientos de personas nuevas, además de disfrutar de lo que la isla te ofrece, ya me entiendes: playa, fiesta, excursiones...

—¿Y cómo sabes tú lo que cuesta todo? —preguntó escéptico.

—Es mi experiencia, porque cuando estuve allí viviendo lo apunté todo en una libreta. Todos los gastos, por pequeños que fueran, están escritos en mi diario. Mi presupuesto por aquel entonces me obligaba a llevar ese control tan estricto.

—Perfecto.

Empecé entonces a hacer unos garabatos en la servilleta, que por cierto casi se rompe, dividiendo de manera sencilla el dinero que iba a gastar Pedro este año en tres partes. Primero los preparativos, después el viaje y por último la vida en la isla.

- Preparativos: Entre 200€ y 300€, dependiendo de lo que ya tengas.
- Vuelo: Entre 550€ y 630€, dependiendo de la aerolínea.
- Coste de la vida mensual en la isla: 187€ alojamiento + 135€ comida = 322€

—Por supuesto, todas estas cifras no son fijas. —comenté. —El coste de la vida lo he puesto según mi propia experiencia, que es viviendo bien en una *guesthouse*, sin que falte de nada: agua, electricidad, cocina, baño, toallas limpias, Internet y diversión. Los gastos pueden ser mucho menores si buscas un poco mejor o mucho mayores si quieres más lujos. Todo depende de ti. Piensa que en una isla no solo hay turistas, sino personas normales que viven allí toda su vida y que compran en los lugares que están mejor de precio y son de mejor calidad. —Le dije, haciendo una pausa.

—Ahora veamos cuál es la cifra que nos sale para vivir todo un año completo, suponiendo que nos pasáramos los doce meses sin ganar ni un solo euro.

—A ver... —comentó mi amigo, curioso.

Volví a escribir en la servilleta, esta vez solo una línea, subrayando la cifra final dos veces:

> 250€ preparativos
>
> + 630€ vuelo
>
> + (340€ mensuales x 12 meses)
>
> =
>
> 4.950€

—Cinco mil euros. —Ni siquiera yo sabía que se acercaba a una cifra tan redonda. —Ese es el precio de comprar tu libertad durante un año. Y si, por ejemplo quisieras estar solo seis meses, te costaría...

Volví a escribir en la servilleta: 250€ + 630€ + (320 x 6) = 2.800€.

—Los 250€ son lo que supuestamente te costaría preparar lo que te tienes que llevar, los 630€ el vuelo hasta la isla y después 320€ de gastos cada mes que vivas allí.

—¿Y qué pasa con el visado?

—Ya lo he incluido. Por eso al calcular el coste anual he puesto 340€ mensuales en vez de los 322€ que nos habían salido en un principio. Así repartimos el coste de hacer cuatro *'visa run'* al año, uno cada tres meses. Es simplemente coger el ferry, ir a Tailandia, a un pueblecito que se llama Satun y volver al cabo de dos días.

—Cinco mil euros... pues yo no tengo ese dinero en el banco, que quieres que te diga. Tengo casi cuatro mil, pero los estaba ahorrando para apuntarme a un máster dentro de poco.

—¿Un máster? ¿Vives en 1990? —dije bromeando—. ¿De qué te va a servir un máster ahora?

—Me iría bien para actualizarme y conseguir otro puesto de trabajo si en mi oficina las cosas siguen sin mejorar. Las cosas en la empresa no van muy bien, ¿sabes?

—Pedro, la mayor parte de la educación en nuestra sociedad está totalmente desactualizada. Apuntarte a un máster solo te va a servir para perder todo ese dinero, además de tu tiempo, que tiene mucho más valor.

—Hace veinte años quizá era buena idea estudiar uno para escalar posiciones rápidamente en la carrera hacia la cumbre de una empresa, pero hoy en día es algo absurdo, que solo te ataría aún más a este sistema. Es el sistema con el que hemos nacido, nos lo han enseñado a ti y a mí en el colegio y en la universidad y nunca hemos pensado que puede haber otras opciones. Sin embargo últimamente todo está cambiando tan rápido...

—Nuestro futuro laboral ya no está ligado a los estudios, puesto que estos ya no te diferencian de los otros miles de graduados. Ahora es tiempo de desarrollar nuestra marca personal y aprender lo necesario para no depender de otros a la hora de obtener ingresos. Además... —añadí—, puedes encontrar todo ese conocimiento que te dan en un máster en Internet. Y gratis.

—Bueno, la mayoría de personas siguen yendo a la universidad y trabajando en empresas para otros.

—Ya, y luego mira lo que pasa… miles de personas desesperadas porque no encuentran trabajo acorde a sus estudios o a sus necesidades.

—Pero, a ver Pablo… Volvamos a mi tema que nos estamos yendo por las ramas. Yo no quería estudiar un postgrado solo por el conocimiento, que también, sino más bien por los contactos que puedes hacer allí.

—Ah, si es por eso, tampoco te preocupes. Conocerás muchísimas más personas en un viaje así que en un máster y te aseguro que si lo que buscas son contactos profesionales, también los encontrarás.

Hice una pausa antes de continuar.

¿Cómo sigue habiendo tantas personas que no se dan cuenta de que la educación actual está dirigida a perpetuar un sistema corporativo basado en la servidumbre? pensé.

Era un tema que me sacaba de quicio, pero lo eliminé enseguida de mi mente para continuar charlando.

—Pedro, quizá no tienes esa cantidad en una cuenta del banco en forma de dinero en efectivo, pero seguro que sí la tienes sumando tus activos.

—¿Mis activos?

—Sí, el coche, la moto, los muebles de casa, televisiones, ordenadores, libros, equipos de música… todo aquello que has ido comprando desde que saliste de la universidad y empezaste a trabajar.

—¿Y qué puedo hacer con eso?

—Muy simple: Venderlo todo. Olvidarte ya de cosas que realmente no necesitas. Puedes vender todas tus posesiones (menos lo que te vas a llevar a la isla, claro) y también cancelar los préstamos que tengas para no seguir atado a ellos. Imagínate olvidarte de una vez por todas de todos los dolores de cabeza que te dan el gobierno con sus impuestos y los bancos con sus intereses.

Sabía que mis palabras ahora ya no sonaban a broma y tenían un profundo efecto en mi amigo.

—¿No crees que con el dinero recibido por la venta de todo eso estarías mucho más cerca de la cantidad? Y si tienes un piso en propiedad ya ni te cuento... Se alquila durante el tiempo que estás fuera y no necesitas más. Puedes decir a algún familiar o amigo que se ocupe de gestionarlo a cambio de una comisión y ya no tienes de qué preocuparte.

—Es simplemente hacer números. Si crees que después de venderlo todo aún te faltará dinero, haz un plan de ahorro para los próximos meses hasta que tengas la cantidad que te falta en el banco. Y luego pasa a la acción. La idea es utilizar lo que ya tienes y, si no lo tienes, elaborar un plan para llegar a ello.

—Increíble. Pero, ¡qué pena vender todas mis cosas!... además, ¿estás seguro que puedo venderlo todo?

—Sí. Hoy en día es posible vender cualquier cosa a través de Internet. Hay muchas webs y apps a través de las cuales puedes vender tus cosas y Ebay es la más conocida, sin embargo te pasaré un listado con muchas más. También por supuesto puedes pedir a tus amigos que te echen una mano por las redes sociales.

—Vale, vale... ¿Y el tema impuestos cómo funciona allí? Porque hablas de olvidarse de gobiernos y bancos, pero estos no solo existen en nuestro país.

—¿Quién paga impuestos por irse de vacaciones? La diferencia es que tus 'vacaciones' van a ser un poco más largas de lo normal. Solo pagarías impuestos en el caso de empezar a trabajar allí como empleado en un empleo regular. La verdad es que es genial poder olvidarse de todo... ¡Ah! y ahora que hablamos de dinero otra cosa, antes de que se me olvide...

—Dime.

—También existen lo que yo denomino...

Hice una pausa, para volver a escribir una frase en la servilleta, esta vez en mayúsculas y subrayada.

LOS AHORRADORES DE VIAJE

—Lo que yo denomino los ahorradores de viaje, —continué—. Son opciones que tienes disponibles y mediante las cuales puedes ahorrarte cientos de euros, a la vez que vives experiencias totalmente nuevas en tu vida.

—¿Ah sí? ¿Y cuáles son esos ahorradores?

—Hay muchos, pero te comentaré los que yo he utilizado y me han gustado. El más famoso es Couchsurfing (www.couchsurfing.org). Seguro que ya lo conocerás, pero Couchsurfing es una web en la que te registras de manera gratuita y mediante la cual puedes ponerte en contacto con otras personas para que te alojen durante unos días en su casa mientras viajas, sin pedirte nada a cambio. Es espectacular. Lo utilicé en Kuala Lumpur nada más llegar y luego en la isla de Penang, de camino a Langkawi. Las dos veces me encontré con personas geniales, Nigel y Rick, que ahora son amigos ya para toda la vida.

Ya había cogido carrerilla, —El siguiente ahorrador importante se llama Workaway (www.workaway.info). Es una web desde la cual poder contactar con personas que te dan alojamiento y comida diarios a cambio de que trabajes con ellos unas pocas horas. El tipo de trabajo es muy variado, pero puede ser desde una granja hasta un barco velero... lo bueno es que puedes quedarte mucho más tiempo que con Couchsurfing, si te gusta el sitio puedes estar varias semanas.

—Me registré pagando la inscripción para dos años y las experiencias que he tenido no podían haber sido mejores. La que más me gustó fue vivir y trabajar durante una semana en una granja cerca de Kuala Lumpur, con una familia musulmana.

—Staydu (www.staydu.com) y Help Exchange (www.helpx.net) funcionan exactamente igual que el anterior, son páginas web en las que puedes registrarte y obtener alojamiento a cambio de trabajo, dinero o de forma gratuita, dependiendo de cada cual.

—Y hay otros lugares muy parecidos, tipo granjas orgánicas o centros de permacultura, en los que podrás quedarte pagando muy poco dinero al día por el alojamiento y comida y en los cuales no tienes que trabajar si no te apetece. Son pequeños paraísos de naturaleza.

—¡Qué pasada!

—Otro ahorrador muy curioso es el de la meditación Vipassana. En esa zona del mundo hay muchos templos budistas en los que puedes hacer meditación, pagando el donativo que quieras cuando te marchas. Si no lo has probado nunca, este es el momento de aumentar tu conciencia. Normalmente puedes quedarte en los centros entre diez días y un mes, dependiendo de tu experiencia previa. Eso sí, poca gente es capaz de seguir las reglas de un centro de meditación durante más de una semana, jajaja, pero te lo comento por si acaso te interesa.

—Luego hay un ahorrador mucho más sencillo, que es simplemente compartir habitación. Si viajas con alguien no hay ningún problema, pero si te vas solo no estaría mal que buscases a alguien con el que te llevases bien y así pagar menos dinero. Yo estuve varios meses compartiendo la habitación con Boris, un chico alemán que conocí nada más llegar a la isla. Con el tiempo pasó a ser una de las mejores personas que me he encontrado, un grandísimo amigo.

—Y por último, pero para mí el más importante, es el ahorrador de tiempo. En Malasia nadie cocina o lava la ropa en casa. Para ello tienes cientos de lugares baratísimos donde comer y donde te harán la colada. Eso supone un ahorro bestial de tiempo y de energías que puedes dedicar a otras cosas.

—No tenía ni idea de que había tantas opciones. La verdad es que parece todo muy entretenido.

Sonreí, —Otra cosa que te diré, como te he comentado antes, es que también puedes encontrar un trabajo. Yo estuve trabajando un mes en Langkawi, en un lugar en el que alquilábamos coches y motos para turistas y el sueldo por trabajar medio día me daba de sobra para vivir.

—Por supuesto no era del todo legal, porque estuve poco tiempo. Sin embargo mi jefe, cuando ya me iba, me ofreció quedarme y ocuparse del visado de trabajo y todo eso. Si buscas bien puedes conseguir un trabajo en muy pocos días.

—O también podría montar mi negocio por Internet, como hiciste tú...

Ahora, gracias a las palabras de Pedro, recordaba mis últimos meses de viaje, siempre con el ordenador en mano.

—Exacto. Montar un negocio online no es tan complicado como parece... y menos aún si hablamos de un negocio que te dé beneficios de 300 euros al mes, que es lo que necesitamos para vivir. ¡Solo son 10 euros al día! Incluso si empiezas desde cero, sin ningún conocimiento, en menos de medio año ya puedes tener esa pequeña fuente de ingresos y vivir tranquilamente.

—¿Sin tener ni idea? ¿Cómo yo?

—Sí. Ten en cuenta que tendrás que dedicarle tiempo y motivación para aprender, sin desesperarte si los resultados tardan en llegar. Infórmate sobre marketing de afiliados, blogs sobre nichos, ingresos pasivos... Y ahora me estás dando una idea, un día tendría que escribir un libro sobre cómo montar un negocio online.

—Seré el primero en comprarlo, no lo dudes, jajaja. ¿Vamos tirando? Si me permites me llevaré a casa esta servilletas que has pintarrajeado.

—Sí, sí, por supuesto, cógelas todas. Espera que le pido la cuenta a Antonio... yo invito.

Nos levantamos de la mesa. Miré el reloj del móvil. Casi sin darnos cuenta habíamos pasado tres horas hablando.

Después de pagar, darle las gracias a Antonio y hacerle una broma sobre sus servilletas, me despedí de Pedro con un apretón de manos.

Habíamos tocado por encima una decisión importante, que podía cambiar el rumbo de su vida. No le notaba muy convencido, sin embargo, antes de doblar la esquina me dijo que le daría unas vueltas a la conversación que acabábamos de tener porque le había parecido muy interesante.

Busqué en el bolsillo las llaves para encender la moto, me ajusté el casco y dejé que el ronroneo del motor tocara esa melodía en mis oídos antes de poner primera marcha y acelerar.

PASO A PASO

Pedro me volvió a llamar de repente al cabo de dos semanas. Me tomó por sorpresa, pues ya casi me había olvidado del asunto y pensaba que, como tantas otras personas, Pedro no se habría tomado en serio lo de llevar a cabo un cambio tan radical en su vida. Quizás ese no era su camino o, simplemente, no era su momento.

Vi en la pantalla del móvil su número y lo cogí enseguida.

—Dime.

—Oye Pablo, ¡que he dejado el trabajo y me voy! —me soltó Pedro tal cual. Hablaba muy rápido y parecía estar muy excitado.

—Espera, espera. Explícame bien qué ha pasado.

Me comunicó que, desde que habíamos hablado aquel día en el café, no había podido quitarse de la cabeza nuestra conversación. Me dijo que había hecho números para calcular si tendría suficiente para pasar un año entero en la isla y que vendiendo su moto le daba para estar incluso más tiempo si quisiera. Y todo ello sin recibir la prestación por desempleo. Cuando lo supo, su corazón casi le da un vuelco... estaba claro que tenía que irse.

Además, en el trabajo, las cosas se estaban poniendo feas estos últimos días, se respiraba un ambiente de tensión debido a los últimos despidos y todos los empleados tenían miedo de ser los siguientes.

—Pero esta mañana, cuando he ido a la oficina, ya lo tenía muy claro... —continuó—. Lo primero que he hecho ha sido entrar en el despacho de mi jefe y hablar con él. Como comprenderás, se ha quedado alucinado e incluso me ha preguntado que si tenía algún problema de salud o si le había pasado algo a alguien de mi familia. No se creía que me fuese a la otra punta del mundo a vivir sin tener ninguna otra oferta de trabajo o algo por el estilo. Se pensaba que había otro motivo oculto y estaba preocupado por mí. No se lo creía.

—¡Vaya! Me dejas alucinando a mí también... ¡Qué rápido ha ido todo!

—Si tío, pero estoy muy nervioso ahora. Sé que lo que he hecho es lo que de verdad quiero, pero tengo miedo a que no salgan bien las cosas. ¿Te podrías pasar por mi casa luego para hablar?

—Claro, claro. Déjame que esta mañana acabe unos asuntos y después de comer me paso, ¿Qué te parece a las cinco?

—Perfecto, te espero.

A las 17.02h, puntual, aparcaba la moto enfrente del portal donde vivía Pedro, el número 14 de la calle San Salvador.

—¡Felicidades! —fue lo primero que le dije cuando me abrió la puerta—. Una decisión así no se toma todos los días.

—Gracias. No sé si me he vuelto loco... espero haber hecho lo correcto.

La sala de estar del piso donde vivía Pedro era pequeña, aunque muy limpia. Y todo tenía un aire moderno. Me dijo que su compañero de piso aún estaba en el trabajo y que vendría luego. Tenía el portátil ya encendido encima de la mesa, así que le comenté que podríamos empezar por escribir una lista con las cosas que tendría que hacer a partir de ahora.

—Mira, en realidad todo es mucho más sencillo de lo que parece. Yo lo hice y no es nada del otro mundo. Te explicaré todo lo que tienes que hacer, paso a paso.

—Te lo agradecería. —Suspiró aliviado.

Empecé a escribir en una hoja de Word en el ordenador.

—Voy a dividirlo en tres partes, igual que como hicimos con aquella servilleta, ¿recuerdas? Preparativos, vuelo y vida en la isla.

1. Los preparativos

¿Qué me llevo?

-Mochila o maleta, dependiendo de lo que tú prefieras. Si es una maleta, cualquiera que tengas por casa te servirá con tal de que dentro quepa la lista que viene a continuación. Si es una mochila, con una de 55 litros tendrás suficiente. En ambos casos llévate también una pequeña mochila de mano, de 5 ó 10 litros de capacidad, para llevar en el avión, en excursiones, etc.

-Ordenador portátil. O, en el caso de que no tengas ordenador, puedes comprar también una tablet, ya que son más baratas y podrás transportarla muy fácilmente + funda protectora + cargador + memoria USB de varios Gigabytes, para hacer copias de seguridad de tus datos. Estoy seguro de que harás fotos y no querrás perderlas.

-Smartphone. Siempre es mejor que un móvil normal, aunque si ya llevas un ordenador portátil o tablet entonces no es imprescindible que pueda conectarse a Internet + cargador + conector para el ordenador + unos auriculares. Allí podrás conectar tu móvil al WiFi del lugar en el que estés y comprar una tarjeta SIM local por muy poco dinero en cualquier estanco. Por cierto, los móviles allí son mucho más baratos y los venden en todas partes.

-Pasaporte. En regla y que no vaya a caducar en menos de un año + 5 fotos tamaño carnet para visados. Todo ello dentro de una pequeña carpeta para no perderlo.

-Neceser. No te preocupes si te olvidas de algo porque lo puedes comprar allí en el supermercado o en la farmacia. Igual que con los medicamentos, llévate Ibuprofeno y, si tomas algún otro medicamento regularmente, también, pero podrás encontrarlo todo en cualquier farmacia. Además si pasara cualquier cosa en la isla tienen un buen hospital. Lo sé porque un día acompañé a un amigo que se había hecho un esguince.

-Si te gusta leer, lo mejor es llevarse un *e-reader* para no tener que cargar peso. Como lector electrónico te recomiendo el Kindle Paperwhite, ya que tiene iluminación frontal y te irá genial para leer por las noches. Si no, allí en la *guesthouse* puedes encontrar muchos libros aunque eso sí, todos en inglés. También es bueno llevarse una libreta o diario en el que ir apuntando tus cosas aunque insisto, se puede comprar allí todo.

-Conector universal de corriente. Puedes encontrarlo en cualquier ferretería y si no… exacto, allí en la isla y además más barato.

-Tema ropa. Para chico te recomendaría dos pantalones cortos + pantalón largo + pantalón de deporte + bañador + paraguas + dos pares de bambas (para correr y caminar) + chanclas + una toalla pequeña de microfibra, que ocupa menos + 5 camisetas + 7 calcetines y calzoncillos + un jersey grande y uno ligero. Allí en la isla puedes llevarlo todo a los '*Laundry Services*', especializados solo en lavarte la ropa de forma rápida y barata.

Para chica, el tema ropa lo dejo a su elección, pero es bueno saber que no se necesita llevar mucha porque nunca hace frío y que allí se puede comprar cualquier cosa.

Podría recomendarte también un saco de dormir ligero, pero si no vas a viajar por el país y solo estás en la isla no hace ninguna falta.

—Así que la conclusión es: llevarse lo justo y necesario porque allí se puede comprar de todo y mucho más barato —dijo Pedro cuando acabé de escribir.

—Exacto. No hay que tener dolores de cabeza con los preparativos, tiene que ser algo sencillo. Continúo...

¿Qué cosas tengo que hacer antes de irme?

-Hacer escaneo y fotocopia de todos los documentos importantes: pasaporte, tarjetas de crédito, licencia conducir, seguro médico, Curriculum vitae... y poner esos archivos bien guardados en el ordenador o en una carpeta de Dropbox.

-Ir a la Delegación de tráfico de tu provincia o ciudad para que te hagan la licencia internacional de conducción. Siempre es bueno llevarla por si algún día te apetece alquilar una moto o un coche. Tendrás que llevar a tráfico una fotocopia de tu carnet de conducir, tu DNI, una foto tamaño carnet y pagar una tasa de 10 euros. En quince minutos lo tendrás listo.

-Si llevas gafas, mejor llevarse otro par de la misma graduación en la maleta. Por supuesto allí también hay ópticas, así que no hay que preocuparse.

-Liberar el móvil que tengas para poder utilizarlo en cualquier país y con cualquier tarjeta SIM. Yo lo hice rápidamente por menos de 10 euros.

-Respecto a los seguros, quizá ya tengas un seguro de viaje. Si no es el caso, puedes contratar uno barato a través de Internet. Yo no tuve ningún tipo de seguro durante todo mi viaje, es muy raro que te haga falta. Los seguros están basados en el miedo de las personas, cuando contratas uno estás ya predispuesto a que te pase algo y por tanto hay muchas más posibilidades de que así sea.

-Sobre vacunas. Al viajar a un país tropical es bueno, aunque no imprescindible, vacunarse. A mí me costó

35€ en Barnaclínic, una clínica especializada en mi ciudad, Barcelona. No tardes mucho en ir a informarte, ya que algunas vacunas hay que ponerlas dos veces con un periodo de varios días entre medio. Muchas personas te dirán que es una zona en la que puede haber enfermedades extrañas y que no nos suenan bien, tipo fiebre amarilla o malaria pero la realidad es que es extrañísimo siquiera conocer a alguien de allí que haya cogido algo. En conclusión, los mosquitos o bichos no suelen molestar, de hecho, durante el día, no veremos ninguno. Igualmente, siempre es bueno llevarse un pequeño spray y si te dan mucha cosa, una mosquitera para poner en la cama.

-Tema bancos. Es imprescindible tener activada la 'banca online' o banca virtual que ofrecen todos los bancos y cajas, mediante el cual puedes acceder a tus cuentas por Internet y realizar movimientos desde tu ordenador. También es bueno llevarse dos tarjetas diferentes por si acaso. Tengas lo que tengas, te recomiendo que busques un banco que no te cobre comisión por sacar dinero en cajeros del extranjero. El único que conozco ahora mismo en España es EVO Banco, con los cuales me abrí una cuenta antes del viaje. En Malasia encontrarás ATM -así llaman a los cajeros automáticos- para sacar dinero con VISA o Mastercard en todas partes.

-Abrir una cuenta en la comunidad Couchsurfing que es gratuita y, si te apetece, en Workaway, aunque en este último tienes que pagar alrededor de 20 euros por un registro de dos años.

-Hacer la reserva por internet en la *guesthouse* en la que te vayas a alojar en la isla. Te recomiendo

'Zackry's Guesthouse', que es en la que estuve alojado. No es algo importante, pero si te da tranquilidad es mejor hacerlo.

-Despedirte de tu familia y amigos y no echarte atrás. Para ello puedes poner en las redes sociales que te vas o incluso abrir un blog. Sea por necesidad o sea por aventura, este viaje es lo mejor que puedes hacer en tu vida y lo recordarás siempre.

-Y por último, comprar el billete de avión con un mes de antelación. Así sale más barato y tienes ese mes para acabar de prepararlo todo y mentalizarte.

2. El vuelo

Primera opción: Vuelo directo hacia Langkawi.

Es lo más sencillo, coger un vuelo desde tu ciudad hasta la isla. Lo más normal es que hagas dos escalas. Verás que los precios del billete de avión varían según el número de horas que tarda en llegar. La mejor herramienta web para buscar este tipo de vuelos es Skyscanner (www.skyscanner.es).

Segunda opción: Vuelo hasta Kuala Lumpur y desde allí ir hasta Langkawi.

Opción para los más aventureros. Te costará lo mismo monetariamente volar a Kuala Lumpur e ir en bus y luego ferry hasta la isla que ir directamente en un vuelo, porque tardarás varios días más. O incluso puedes volar hasta la capital, pasar varios días visitándola y luego coger otro vuelo hasta Langkawi, depende de lo que te apetezca.

Al llegar al aeropuerto de Kuala Lumpur, lo mejor es coger un autobús que te lleve directo a 'KL Sentral', que es la estación central de trenes. Está ubicada en el barrio de Brickfields, donde te puedes alojar en varias *guesthouses* y desde allí moverte a tus anchas por la ciudad con el metro.

Si luego quicres ir hasta Langkawi por tierra, lo mejor es coger un bus por la mañana en 'Pudu Sentral' hasta Georgetown -Penang- y desde allí coger el ferry directo hacia Langkawi, que te dejará en Kuah, la ciudad principal de la isla.

No te preocupes por la comida durante las horas de vuelo. La aerolínea se encarga de todo y te aseguro que hambre no vas a pasar. También en estos vuelos largos sueles tener una televisión individual en la que ver películas o escuchar música para no aburrirte.

Sobre el dinero cuando llegues, podrás cambiar Euros por Ringitt (la moneda de Malasia, ahora mismo el cambio está en 1€ = 4 RM) en el mismo aeropuerto o sacar dinero desde cualquier ATM. No te preocupes por ello.

Importante recordar...

—Escojas la opción que escojas, ten muy en cuenta esto que te voy a explicar ahora.

Si eres Español y viajas en avión a un país que no está dentro de la Unión Europea, te pedirán siempre en el aeropuerto cuando vayas a hacer *check-in*, un 'justificante' que pruebe que no te vas a quedar más tiempo del que debes en el país de destino, en nuestro caso tres meses. Este justificante normalmente es el billete de vuelta a nuestro país, pero nosotros, como no queremos irnos al cabo de tres meses sino continuar viviendo allí -y para ello vamos a hacer el *'visa run'*-, utilizaremos otra estrategia.

En vez de comprar un billete de vuelta que no utilizaremos y que nos costaría un ojo de la cara, compraremos un barato billete de tren que podremos adquirir fácilmente por Internet. Podemos comprarlo en la web de KTMB, la compañía de trenes malaya. Nos registraremos primero y luego compraremos un billete desde cualquier ciudad de Malasia hasta cualquier ciudad de Tailandia, basándonos en la disponibilidad de los asientos y el precio, que no debería pasar de los 6 euros al cambio. Baratísimo. La fecha que elijamos da igual mientras esté dentro de los siguientes 3 meses, como he dicho, al final, no lo utilizaremos.

Cuando lo hayamos comprado, lo imprimiremos y lo llevaremos con nosotros para enseñarlo en el aeropuerto como justificante de que vamos a salir del país al cabo de esos tres meses. Luego cuando lleguemos, ¡lo podremos tirar a la basura!

Esto no es más que un movimiento de las aerolíneas para lavarse las manos en caso de haber algún problema con los pasajeros que no cumplan con los tiempos de estancia en cada país y, de paso, ganar más dinero. Es triste, pero así es como funcionan. Es algo que por ejemplo no nos pasaría si viajáramos por tierra, así que nos tenemos que adaptar a sus absurdas normas para viajar por aire.

Por supuesto esto que haremos es algo totalmente legal, para saberlo incluso fui al consulado de Malasia a preguntarlo personalmente. Luego en el aeropuerto no me pusieron ningún problema.

3. La vida en la isla

Llegar hasta el lugar donde te alojarás.

Si llegas en ferry a Langkawi, lo mejor es que cojas un taxi y le digas dónde vas, que seguramente será Pantai Cenang o Pantai Tengah, que son las calles más turísticas. Están ubicadas en la otra punta de la isla y muy cerca de la playa. Habrá muchísimos taxis disponibles y el viaje te costará 24 Ringitt, que son aproximadamente 6 euros al cambio.

Si llegas en avión a Langkawi lo mismo, lo mejor es coger un taxi. Sin embargo estarás mucho más cerca de la *guesthouse*, por lo que el taxi te costará menos.

Después de todo esto ya habrás llegado al paraíso, ¡así que relájate y disfruta!

'Visa Run' cada tres meses.

Como ya hemos comentado, tendrás que renovar tu visado cada tres meses. Para ello lo más fácil es, antes de que llegue la fecha límite, coger el ferry desde Kuah, la ciudad principal de la isla hasta Satun, un pequeño pueblo de la costa tailandesa.

Te dirán que tienes que quedarte dos o tres días en Tailandia antes de volver a la isla malaya, así que puedes quedarte en cualquier *guesthouse* y disfrutar de un nuevo país. No te preocupes, pues para entonces estarás más que preparado y si no, siempre puedes ir a cualquier agencia de viaje de la isla y te lo arreglarán enseguida para que no tengas que preocuparte de nada. Además ¡Tailandia es más barato!

—Listo. ¿Qué te parece? —dije al escribir la última frase. Pedro había estado mirando todo el rato la pantalla del ordenador por encima de mi hombro, sin quitar ojo.

—Impresionante, parece que no falta de nada...

—Bueno... entonces ¿te vas seguro?

—Sí, sí, claro. Si no, no habría dejado el trabajo. Tenía que avisar con quince días de antelación de que me marchaba, así que compraré el billete cuanto antes y en un mes o dos como mucho espero estar en la isla. Ahora me estudiaré todo lo que me has escrito aquí y empezaré a moverme. Por cierto, con todo el ajetreo se me había olvidado que con este viaje voy a perder un montón de meses de cotización si no trabajo.

—Jajaja, ¡eso es lo último de lo que te tienes que preocupar! —dije divertido—. Dentro de pocos años ya no existirá la jubilación ni nada parecido, y aún en el caso de que existiese, las pensiones serán tan pequeñas que no darán ni para comer.

—¡Vaya visión tan pesimista!...

—No es pesimismo, de hecho, es una de las mejores cosas que podría pasar. El estado dejará de tener control sobre las emociones de las personas, como lo está haciendo ahora contigo, y eso nos impulsará a ser más creativos. Ya no hay nada seguro. En fin...

Oye, ya sabes que si tienes cualquier otra duda me puedes llamar o enviarme un mail. Ah, y antes de que te marches por supuesto montamos algo para vernos con todo el grupo.

—Por supuesto, ahora voy a avisar a todo el mundo. ¡Vaya sorpresa que se van a llevar!... ¡Muchas gracias por todo!

—De nada hombre, espero de verdad que todo vaya muy bien. Ya verás que lo que estás a punto de hacer es algo increíble.

HAN PASADO DOS MESES

Han pasado ya dos meses desde que Pedro cogió el avión en dirección a Malasia. Me llamó muy contento justo al llegar a Langkawi y desde entonces no había vuelto a saber nada más de él directamente, solo había visto algunas de sus actualizaciones en Facebook. Sin embargo ayer mismo recibí este mail en mi bandeja de entrada:

¡Hola Pablo!

¿Cómo estás? ¿Cómo van las cosas?

Te quería escribir para saber de ti y para darte las gracias por todo. Desde que llegué me he sentido como en casa, ¡tenías razón! Por cierto, Zackry sigue por aquí en la guesthouse con su botella de whisky y me envía saludos para ti. ¡No te puedes imaginar a cuánta gente he conocido estas semanas!

Es la primera vez que de verdad tengo tiempo para mí y lo estoy aprovechando, o eso me gusta pensar. Las primeras semanas fueron movidas, saliendo de fiesta, haciendo excursiones, yendo a la playa... ahora sin embargo estoy centrado para empezar a buscar una nueva fuente de ingresos, así que te escribía por si podemos hablar por Skype esta semana y me explicas por encima cómo empezaste tus negocios online y así también te explico qué tal va todo por aquí. ¿Qué te parece la idea?

¡Un abrazo!

Pedro

P.D. Te adjunto unas fotos de la isla, ¡seguro que te hace ilusión recordarla! Por cierto, también te he enviado una postal, a ver si te llega pronto.

UNAS PALABRAS

Espero que tú, lector o lectora, hayas disfrutado leyendo este pequeño libro. Quizás las ideas que aquí te presento te parecen algo radical, algo que no tiene cabida en tu vida o quizá crees que será bueno tenerlas en cuenta. Sea como sea, siempre es bueno conocer otras alternativas a trabajar de sol a sol para acabar pagando facturas. Al fin y al cabo, lo que aquí explico no es para todo el mundo, es solo para personas decididas a superar sus miedos y dudas en esta época tan cambiante en la que vivimos.

Mi idea escribiendo la historia de mi amigo Pedro es transmitir algo que aprendí en mi primer viaje alrededor del mundo y, de paso, ayudar a aquellas personas que se sienten atrapadas en un sistema caduco, en el que tanto la educación, como la manera de trabajar, como el propio gobierno están basados en modelos totalmente obsoletos.

Un sistema en el que se premia la competición contra los demás a la vez que se premia también la igualdad de pensamiento. Un sistema en el que tú no decides nada, todo está ya decidido de antemano y lo único que tienes que hacer es obedecer las reglas. En fin… un sistema en el que te puedes considerar afortunado si trabajas en algo que no te gusta mientras cobres mil euros al mes.

Escapar de todo ello no es un acto de cobardía, sino de valentía. Deja de vivir una vida que no es tuya y toma el mando por primera vez hacia lo que te llena.

Camina hacia lo desconocido en busca de algo mejor, en busca de un aumento de tu conciencia.

El gobierno, tu familia, tus amigos…. ninguno de ellos tiene el derecho de decirte qué es lo que está bien o lo que está mal o qué es lo apropiado para ti. Solo tú lo sabes.

O como dice Seth Godin:

«Nos han vendido un modelo que nos enseñaba a abrazar el sistema […]. Desde hace unos pocos años, cada vez está más claro que las personas que rechazan lo peor del sistema actual tienen, de hecho, más posibilidades de triunfar.»

Esta que te he explicado es solo una alternativa de las muchas que hay. Está dirigida a un reducido grupo de personas, si sientes que es para ti, cógela y si no, déjala ir. Al menos ahora la conoces, cosa que nunca está de más.

Yo también tenía dudas antes de realizar algo así. Luego lo hice y vi que no era para tanto. De hecho, lo pasé genial, conocí personas espectaculares, aprendí más que nunca sobre lo que significa vivir y por el camino encontré mi propósito profesional. Y sí, después volví a casa. Pero me cambió la vida.

Si crees que este libro puede servirle a alguien que conoces, compártelo. ¡Recomiéndaselo a todas aquellas personas que conozcas que se estén quejando de lo mal que está la situación económica en tu país!

Si un día decides que vas a poner en práctica lo que aquí se propone, que sepas que no estás solo. Cada vez hay más personas que realizan este tipo de viajes y en Internet hay cientos de comunidades.

Espero que no tengas miedo y te tomes la vida como un juego o una obra de teatro, porque al final es lo que es.

Deseo que vivas una vida que tú hayas elegido.

¡Muchas gracias!

PABLO OLÓNDRIZ

P.D. Como ha comentado Ángel en el prólogo, yo llegué a Malasia con 2.200€. Si tienes curiosidad, todo el viaje está relatado en mi segundo libro, titulado "Sin Billete de Vuelta".

RECURSOS
-Consulados y embajadas-

Embajada de Malasia en la ciudad de Madrid

C/Paseo de la Castellana, 91-10 - Edificio Centro 23

CP: 28046 - Madrid

Teléfono: 91.555.0684 - Fax: 91.555.5208

E.mail: malmadrid@kln.gov.my

Horario: Lunes a viernes de 09:00 a 13:00h

Consulado de Malasia en la ciudad de Barcelona

C/Paseo Colón, 11 3º-1ª

CP: 08002 - Barcelona

Teléfono: 93.310.2020 - Fax: 93 319 7641

Horario: Lunes a viernes de 10:00 a 13:00h

Consulado de España en Kuala Lumpur

Embajadora: Dña. María Bassols Delgado

Dirección: Office Suite E-12-02.

Leveel 12, East Wing - The Icon

Nº 1,Jalan 1/68F - Off Jalan Tun Razak

50400 Kuala Lumpur

Teléfono: + 6 03-2162 0261 y + 6 03-2163 0261 - Fax: + 603-2164 0261

E.mail: emb.kualalumpur@maec.es

-Blogs viajeros que no puedes perderte-

No te voy a dar una lista de veinte blogs porque nadie quiere seguir a veinte personas a la vez, así que te doy los cinco que para mí son imprescindibles:

www.viajandoporahi.com – La joven argentina Aniko es escritora, ha viajado por medio mundo y lo tiene todo registrado en este magnífico blog sobre viajes, uno de los más completos en Internet.

www.thecrazytravel.com – A Pablo el Zaragozano un día se le fue la cabeza y empezó a viajar por el mundo haciendo autoestop. Su próximo reto: ¡dar la vuelta al mundo en bicicleta!

www.jorgesanchez.es – Jorge ha estado en absolutamente todos los países del mundo. Sí, has oído bien, todos... tiene incluso un récord Guiness que lo acredita. Su web es imprescindible.

www.viviralmaximo.net – Mi amigo Ángel dejó su trabajo en Microsoft y se fue a Tailandia a vivir la vida que de verdad quería, una vida viajera, apasionante y, por supuesto, sin más jefes.

www.historiasdenuestroplaneta.com – A Antonio Aguilar le encanta perderse por zonas poco frecuentadas del mundo y luego comparte las alucinantes experiencias en su web. Una delicia de lectura

www.olondriz.com

www.ingramcontent.com/pod-product-compliance
Lightning Source LLC
Chambersburg PA
CBHW071315060426
42444CB00036B/3033